LYRIKEDITION 2000

begründet von Heinz Ludwig Arnold†

Renate Schoof, geboren in Bremen, lebt als Schriftstellerin in Göttingen. Die gelernte Lehrerin schreibt für Erwachsene, Jugendliche und Kinder. Sie erhielt Stipendien und Literaturpreise; Gedichte von ihr sind bei Radio Bremen und auf WDR 3 und 5 zu hören; im Deutschlandfunk war sie zu Gast in der Lyrik-Galerie. Sie veröffentlichte mehr als zwanzig Bücher, u.a. die Romane *Blauer Oktober* und *Wiedersehen in Berlin*, den Erzählband *In ganz naher Ferne*, das Sachbuch *Geheimnisse des Christentums – Vom verborgenen Wissen alter Bilder* sowie im Allitera Verlag u.a. den Gedichtband *Seelenvögel*.

Weitere Informationen unter www.renateschoof.de

Renate Schoof

Immer Meer

Gedichte

LYRIK
EDITION
2000

Informationen über den Verlag und sein Programm unter:
www.allitera.de

Informationen über die Lyrikedition 2000 unter
www.lyrikedition-2000.de

Mit herzlichem Dank an die Mitarbeiterinnen und Mitarbeiter des International Writers and Translators Center und in freundlicher Erinnerung an Ursula Amalia Kolb-Skourtou auf Rhodos, wo im Sommer 2014 ein großer Teil der in diesem Band enthaltenen Gedichte entstanden ist.

Renate Schoof

März 2016
Allitera Verlag
Ein Verlag der Buch&media GmbH, München

Printed in Europe · ISBN 978-3-86906-853-4

In Gedichten
ruhen Gedanken
wie Vögel in Bäumen

I
Schwalbensommer

Schwalbensommer

Und plötzlich –
beginnt die Sonne
zu wärmen, beginnt
das Wasser, beginnen die Boote,
beginnen Gesichter zu glänzen.

Weißer
scheinen die Häuser,
röter die Dächer, und am Berghang
duften die Kiefern. Längst
haben die Glocken geläutet.

Und schon lange
kurven am Himmel
unzählige Schwalben. Sie schreien
vor Übermut und winken mir zu
mit beiden Flügeln.

Vor Sonnenaufgang

Schwalbengezwitscher
fließt wie Regenrauschen
durch die Dämmerung
schmaler Gassen, lockt
in das Labyrinth
zwischen die alten Häuser.

Auf dem kleinen Platz leuchtet
ein Blütenbaum. Duftendes
Brot wird gebacken, irgendwo.
Noch ist es still am Brunnen.
Nur die Schwalbe vor dem Nest
zwitschert ihr Morgenlied.

Nach Sonnenaufgang

Mein allzu langer Schatten
fällt auf die Wände fremder Häuser,
berührt vorsichtig den mageren Hund
auf dem weiten Platz. Klein und
verloren steht das Tier zwischen
venezianischen Kulissen
besserer Zeiten.

Als skurriler Traum
hüpft mein Schatten in die Fenster
der Morgenschläfer. Bis zum
ehrwürdigen Kirchturm reicht er nicht.
Und in Deinem Schlafzimmer
ist es viel zu dunkel
für einen abenteuerlustigen Schatten.

Julimorgen

Früh um sechs duftet dieser
unbegreifliche Sonntag
schon nach Pfannkuchen.
Sanfter Regen wäscht den
Pinien die Nadeln. Und
die tiefe Ruhe unter der
Wolkendecke unendlichen
Ausschlafens wird nur für
Minuten vertrieben von der
Glocke des Campanile, die
es sich angewöhnt hat,
geräuschvoll zu schwingen,
mit blechernem Klöppelklang,
während die Schwalben in
ihren Nestern unter dem
Dach der Schule
bei den sieben Palmen
ihre Jungen mit Märchen
bezwitschern, bis die Luft
wieder trocken ist.

Nächste Nachbarn

In seiner Kindheit spielte er mit
Freunden in den Terrassengärten.
Von Orangen- und Feigenbäumen.
erzählt er mit leuchtenden Augen.
Lange schon sind sie Hotelanlagen
gewichen, Wohnsiedlungen, Straßen.
Heimatland Jugoslawien – bis heute.
Deutschland kennt er recht gut,
war viel in der DDR, beruflich,
Maschinenbau.
»Die konnten feiern!«, lachend
schenkt er kroatisches Bier nach
und seiner Frau dalmatinischen
Wein. Auch sie spricht deutsch,
hat in Stuttgart gewohnt. Zuweilen
bereut sie die Rückkehr. Und dass
über Nacht aus serbischen Nachbarn
Feinde geworden sein sollen,
können beide bis heute
nicht fassen.

Wo Krieg war

Am Morgen
Netze flicken
und
sich fragen
was wird.

Tag für Tag sitzt er dort
vor seiner Tür, auf dem
schönen Platz zwischen den
uralten Häusern
aus venezianischer Zeit.
Im fleckigen Unterhemd
sitzt er dort,
als sei er nur
ein Motiv für Fotografen.

Kapernbüsche wachsen
aus den alten Mauern.
Sie haben den Krieg,
den keiner hier wollte,
überdauert. Doch überall
kaum merklich die Spuren.

Hafenpromenade

Da ist keine Regung
in den harten Gesichtern
der Vorübergehenden,
keine Antwort,
keine Romantik.

Wohin ist sie gegangen?
Wohnt nicht in den
alten Hütten und nicht in
den Sternehotels.
Auf keiner der eleganten
Segeljachten ist sie zu
finden und in keiner Bar.

Sie überlebt dort oben,
schwebt mit den Schwalben,
stürzt mit ihnen herab in die
kleinen gewundenen Gassen,
um schreiend vor Übermut
zwischen all dem Lärm noch
einmal die Kurve zu kriegen.

In der Früh

Nach und nach
werden die Wände sichtbar,
das Bild neben dem Bett,
dein schlafender Körper
unter dem Tuch.

Wie als Kind erwarte ich
das Hellwerden, horche aufs
Zwitschern der Schwalbe;
es fließt wie Regenrauschen
durch die schmale Gasse,
ja täuschend ähnlich
dem Rauschen des Regens.

Und dann ist das Licht da,
fällt durch die offenen Fenster
mit der Morgenkühle
in das uralte Haus.
Der Wecker zeigt 4 Uhr 51
in wer weiß welcher
Landessprache und Zeit.

Auf der Dachterrasse
im Sonnen-Aufgangs-Licht
der kleine Ölbaum,
das Steingartengewächs und
die erwachende Bougainvillea.
Sie trinken
ein paar Schlucke Wasser mit mir.

Unscheinbar

In der Mittagssonne
die Ausgrabungsstätte
der alten Stadt. Kleines
quadratisches Ödland
zwischen Gärten und Kirche.
Mauerreste eines Damals,
säuberlich hergerichtet.

In der einst so prächtigen Stadt
lebendig heut nur noch
die Eidechsen, blitzschnell
verschwunden im trockenen
Brunnenschacht; nimmermüde
Ameisen auf einer Straße aus Sand.

Wer weiß denn schon, dass sie
Indras sind, Götter – uralt
in ihrer Wandlung. Mit jeder
Indra-Ameise ziehen
Jahrhunderte an uns vorbei,
Jahrtausend um Jahrtausend.
Vorbei. Vorbei. Vorbei.

Schöner Götterfunken

Eine winzige Bruchstelle
an der alten
Lieblingssandale.
Treue Gefährtin
durch Städte und Wälder –
wie lange noch?

Sich in der Vergänglichkeit
einrichten, an einem
orangenteesüßen Sommertag,
an dem Du keinen Fehler
an mir findest. Keinen Fehler
an mir und der Welt.

Vielleicht wirst Du
nachher wieder ganz leise
singen. Beethovens Neunte.
So schön, dass ich
weinen muss
vor lauter Glück.

Der Hiu-Hiu-Vogel

Allmorgendlich gellt sein Ruf
über die Dächer. Als schlüge
Metall auf Metall. Mit
unerbittlicher Härte sprengt er
Kopf und Herz, lässt all die
Kränkungen, Beleidigungen,
all die Ängste und Traurigkeiten
aus geheimen Verstecken fallen.
Aufgeschreckt stürzen leere
Schränke – mit im Fluge
quietschenden Türen – auf die
Köpfe der Schläfer. Morgen
für Morgen schreit er uns an,
der Eidechsen verschlingende
Hiu-Hiu-Vogel.

Blaugrüner Traum

Im kleinen Park am Hafen
träumt zwischen den Pinien
eine Hängematte. Mittags
suchen Fischer dort Schatten,
nachmittags die Nähe der
Souvenir-Verkäuferin mit
den perlmuttfarbenen Schuhen,
die nach Sonnenuntergang,
den seufzenden Park erfreuen.

II
Griechischer Morgen

Heliosa

Mit hellem Jubel erscheinst du
am Horizont, entsteigst tröstlich
dem Meer, die Dunkelheit endlich
zu enden; verlässt deine Kinder
auf der anderen Seite der Welt,
um uns den Tag zu erleuchten.

Du trocknest Tränen, machst die
Tomaten und Trauben süß, lässt uns
die Pflichten vergessen, uns munter
und müde werden zugleich. Dir gilt
das Lied und der Möwen Morgengeschrei,
wenn dein Licht ihre Flügel berührt.

Hier bist du zuhause, du lebenspendende,
du schreckliche Sonne. Hier wohnst du,
auf den Hügeln, auf dem Meer,
auf den Dächern, auf dürrem Boden.
Hier verbrennst du Haut und Hirn,
zündest Wälder und Dörfer an.

Inselfestung

Morgenkühl noch, das Gras im breiten
Grünstreifen zwischen den hohen Bastionen.
Ein Touristen-Pfad schlängelt sich durch
historisches Niemandsland. Sommerlich
froh auch der einsame Schattenbaum, mit
breit ausladender Krone, seltsam klein vor
wuchtigen Türmen, vor den unüberwindlichen
Mauern der Altstadt, vor dem repräsentativen
Erbe kriegerischer Vergangenheit. Der helle
Stein, frisch gesandstrahlt. Fotogen und gern
aufgenommen, orientalische Pracht,
einstmals Sommerpalast des Duce, heute
Ziel der Kreuzfahrer unserer Zeit.

Tore mit klingenden Namen laden ein
ins Freilichtmuseum wechselnder Herren.
Johanniter, Osmanen, Italiener überließen
griechischen Händlern und Wirten den Ort.
Zwischen zerfallenden Häusern – FOR SALE –
säugt eine Katze ihre Jungen. Blätter fliehen
raschelnd vor den unermüdlichen Besen der
Tavernen-Mütter Sofia, Irene und Kalliope.
Kreuzschiffer auch heute sehnlichst erwartet
zu Wein und Brot, zu Fisch und Gyros.
Nebenan wartet der Kitsch auf Käufer,
und auf seiner Vespa knattert Don Quichotte
hohnlachend durch enge Gässchen.

Vom Uhrenturm schlägt es erst acht. Noch
trauen sich strengverhüllte Greisinnen
schweigend, schwarz und stockbewehrt
vor die Tür. Bald werden sie vor der
Übermacht der knappen Höschen zurück
in die Dunkelheit ihrer Stuben flüchten,
während barfüßige Romakinder
um die Börsen der Urlauber streiten.
Disneyland, Ritterromantik, überragt von
den Relikten kriegerischer Vergangenheit.
Hier stirbt niemand mehr freiwillig.

Griechischer Morgen

Der volle Mond
wird blass vor soviel
Sonnenaufgang.

Türen und Fenster
klappern im Wind,
denn es wird Tag.

Möwenschwärme ziehen
wer weiß wohin
und schwarz-graue Krähen.

Über den Berg läuft
Artemis mit ihren Hunden
durch den von sonnenverbrannten
Kräutern gewürzten Morgen.

Ewiges Leben

schenkte die schöne Göttin
– unsterblich verliebt – einem
Sterblichen.

Im Rausch des Begehrens
vergaß sie, ihm ewige Jugend
zu schenken. Vergaß auch – nach
einigen Himmelssekunden –
den zahnlos werdenden,
kränkelnden Greis.

»Da erbarmte sich Zeus«,
so erzählst du mir. »Und
verwandelte ihn in eine Zikade!«

Nun staune ich Tag um Tag
über das Geschrei der vielen
verlassenen Greise.

Du lachst, und weißt: »Es gibt
sie überall, mit vielen Namen,
rundköpfig, spitzköpfig. Und
sie vermehren sich unaufhörlich.«

Bote der Dunkelheit

Durchsichtig huscht
aus dem Abfluss der
winzige Grottenolm,
schutzlos, geschützt nur
durch den Glauben,
er brächte Glück.

Und dann sagst Du: »Es ist
gar kein Grottenolm. Vielleicht
ein junger Alligatorsalamander.«
Du spülst ihn hinunter.

Erbarmen mit den Tierchen!
Was täten die Hausfrauen, wenn
sie davon erführen? Und was
ist jetzt mit dem Glück,
das er doch bringen soll, der
kleine Bruder der Undinen?

Stürmischer Morgen

Fahnen sind von ihren Masten
gerissen, fliegen hoch durch
die Luft. Jogger wehen vorüber
mit rudernden Armen, wehen
vorbei an der zerzausten Palme,
an zerknickten Blüten, wehen
vorbei an unserem Haus mit den
klappernden Türen und Fenstern.

Doch mein Liebster schläft tief
und traumlos. Er weiß nichts
von Wellenbergen, die an den
Strand springen wie Pferde
mit weißen Mähnen. Er hat
lange gewacht und Gedichte
gemurmelt gegen die Schwärze
des fremden Himmels.

Sommerfrische

So müde macht mich
das Meer. Wind zerrt
an Haaren und Kleidern,
verfolgt mich.
Die Jungen liegen
– sich bräunend –
im heißen Sand.
Die Alten halten
Mittagsschlaf zwischen
zwei weißen Laken.

Um Mittag

Sanft überwindet
die blaue Blume den Hang.
Zikaden schrillen.

*

Kein Drachenflieger
erreichte je die Sonne,
nicht einer den Mond.

*

Blühende Palme,
mütterlich, freundlich bereit
Früchte zu tragen.

*

Sonne um Mittag:
Alle Blätter trinken Licht,
wir suchen Schatten.

Fülle eines Sommermorgens

Wie jeder Mensch so ganz eigen geht.
In diesen Tag hinein. Auf dem Weg
zwischen blühenden Bäumen.

In diesen Tag hinein. Mit wippendem
Pferdeschwanz oder müde schon jetzt,
mit schleppenden Schritten.

Auch die Zikaden begrüßen den Tag
so ganz eigen, jede auf ihre Art
zirpt, singt, gellt, kreischt unsichtbar
in die Motorengeräusche.

Schulkinder lärmen, rangeln, rennen
und hüpfen vorbei in diesen Tag
hinein. Und immer wieder durcheilen
Individualisten die kleine Allee.

Die einen beschwingt, wie zum
Rendezvous mit der Liebsten,
die anderen pflichtschuldig
auf täglich gewohntem Wege.

In Turnschuhen gehen sie, in Sandalen,
in Arbeitsschuhen, auf High Heels,
blütenweiß, schwarzpoliert, rosa-gold
und lederbraun, in diesen Tag hinein.

Ausgeliefert

Herrlich war einmal
der Boulevard der Orangenbäume,
die Avenue der Gummibäume,
die Alleen der Bougainvilleas,
und des Hibiskus. Preisgegeben
nun dem sonnenbebrillten Heiteitei.

Noch immer schwenken hohe Palmen
ihre Blüten, doch die Früchte fallen längst
in den Staub der Umgehungsstraße.
Weithin grüßen vom erhaben Tempel
dreieinhalb Säulen Erinnerungskultur.
Auch die Kuh im trockenen Feld und die
Bauernkate bezeugen Vergangenheit.

In der Bucht umschmeicheln großmütig
die salzigen Wellen, warm wie Fruchtwasser,
zahllose Leiber, gesalbt und geölt,
zu Gast im ausverkauften Paradies
der Sonnenanbeter.

Io

Auf sonnenverbrannter Wiese äst
eine Kuh, den Kopf hochaufgereckt,
erreicht ihre Zunge die Blätter
des Schattenbaums. Schlank ist
sie und schön noch immer: Io,
die einst so liebliche Prinzessin.

Um die Erde getrieben von Zeus'
brennender Brunst und Heras
geflügelter Rache, rastet sie
auf der Insel des Lichts, wird
das Meer überqueren, am Nil
eine Heimat zu finden. So will
es die Sage.

Schweres Erbe

Als glühende Frucht fällt
die Sonne ins brodelnde
Meer. Tausend Kühlschränke
machen sich auf, die Nachtruhe
zu stören und hunderttausend
frisierte Motorräder. Im Luftraum
lärmen Haifische, werden ihre Beute
herauswürgen an die Strände
der lebenshungrigen Stadt.

Stundenlang wachliegen.
Und du fragst mich, wer in
diesem Bett nächtelang
so unglücklich war, dass er uns
den Staub seiner Tränen hinterließ.
Auf der Insel der uneingelösten
Versprechen. Im Meer der
gestrandeten Hoffnung.

Kalimera

Am Morgen setzt sich die
Dohle zu mir, wippt auf dem
Zweig vor dem Fenster.
Spricht mich an, krächzt
geschwätzig, fliegt dann
in weitem Bogen zum Meer,
als wollte sie sagen:
Komm baden mit mir.
Ich habe verstanden.

Am Berg

Auf der Treppe am Berg
begrüßt mich die Eidechse.
Ganz still sitzt sie da, schaut
mich an mit winzigen Augen,
das Herz pocht ihr im Halse.
Elegant winkt mir ein
zierliches Vorderfüßchen
und lautlos zuckt ihre Zunge.

Dionysos schläft

Die Mondsichel über dem Meer
wacht hell und klar
in wolkenloser Himmelstiefe.
Und des Stechapfels weiße Blüten
lächeln erbarmungslos schön.

Gleich wird die Sonne aufgehen.
Ohne zu fragen wird sie
den Backofen anschalten,
die Menschen zu bräunen
und das Meer zu erwärmen.

Durch die vor Hitze knisternden
Wälder wird wieder der Wahnsinn
geistern. Schrill musiziert Dionysos
auf des Stechapfels bleicher
Engelstrompete.

Weltkulturerbe

Schwarze Raben auf den Türmen; und
in den Burggräben Hirsche zwischen
Mauern himmelhoch. Disneyland
aus hartem Stein, gewaltig, kolossal.
Im Wind trudelt die gestrige Botschaft:
10 p.m. last tender to the ship.

Saint John ritt voraus den Raubrittern,
den Glücksrittern im Namen des
Kreuzes: Heiliges Morden, frommes
Plündern, gesegnetes Vergewaltigen.
Besoffen oder nüchtern:
10 p.m. last tender to the ships.

Zinnsoldaten mit dem Kreuz auf Helm
und Mantel, Plastiksäbel und Schwerter.
Kulturgut Heiliger Krieg.
Sorglos schlendern Touristen durchs
Märchenland, wissen nur:
10 p.m. last tender to the ship.

Soucrates Garden

Von fern her tönen Schiffssirenen:
Last tender to the ships …
Ohne uns werden sie
in See stechen, die Kreuzfahrer,
werden mit spitzem Kiel
das Meer zerteilen, die alten
Gebote verletzend,
wieder und wieder.

Mögen sie aufbrechen zu fernen
Küsten, deren Schönheiten ihre
Begehrlichkeit weckt, ihre Gier,
ihre Herrschsucht. Meuternd
bleiben wir zurück im Hafen, stellen
uns die alten Fragen, versuchen uns
in neuen Antworten – unter dem
Blütenbaum in Soucrates Garden.

III

Zeitlos

Laubwald

Licht rinnt
durch mächtige
Baumkronen
auf den Weg.
Der Wald kennt kein
Gestern und Morgen.
Heute schwelgt er im Grün,
im Gezwitscher
seiner Bewohner.

Das Vogelnest Erde
werden einst die Bäume
und Sträucher erben,
die Brennnesseln, die
Ameisen, Zikaden und
Heuschrecken, der
Sturm und das
salzige Meer.

Zeitlos

Morgensonne
grüßt vom Dach gegenüber,
bereit,
Pfingstrosen, junge Amseln
und das rostige Fahrrad
zu streicheln.

Licht
überflutet Häuser,
Bäume und Menschen
mit wärmender Nähe
zu Allem und Jedem.

Findling

Heute blüht wieder
die Heide, überdauert
heiße Sommer,
eisige Winter,
auch Panzerketten,
Schafherden und
Schmetterlingsflimmern.

Wacholdersträucher trotzen
dem unermüdlichen Wind,
den ungeduldigen Menschen.
Und ein uralter Stein
träumt vom Bleiben,
von Veränderungen
ohne Verlierer.

Unvergänglich

Erhobenen Hauptes
das Glück balancieren.

Zwischen gestern und morgen
in ganz eigener Mitte dem Meer
des Unbewussten entsteigen,
der Welt einen Spiegel zu halten,
damit es alle sehen,
das was gesehen werden will,
das was gesehen werden muss.

Die Göttin mit den Seelenvögeln
grüßt die Sterblichen,
die Ängstlich-Mutigen,
die Traurig-Frohen
die Flatterhaft-Standfesten,
und die Schwebenden,
die den Himmel halten.

Da steht sie, zwischen immer und nie,
zwischen ewig und jetzt, zwischen
Erinnern und Vergessen. Und lächelt
das Lächeln aller Unsterblichen.
Anmutig trägt sie,
was ihr zu tragen
auferlegt ist.

Moment mal

Du sagst, die Gegenwart dauere
nur einen Augenblick.
Aber wie lange dauert
der Augen-Blick einer Eule?

Mir ist Gegenwart kein Punkt.
Wunderbare Gegenwart
einer Stunde, eines Nachmittags,
eines Sommers.

Phönix

Der Vogel, der im Herzen
sein Nest trägt, fliegt hin
über die Jahrtausende, über
all diese Epochen, schaut
von oben auf versunkene
Kulturen, auf die grau
gewordene Köpfe alter
Gottheiten, sucht schon
so lange nach einem Sinn,
möchte so gern brennen,
innen, nicht außen.

Aufbruch

Wenn es eng wird,
einen neuen Raum betreten.
Das Herz, den Kopf befreien
von all dem Ballast,
all dem gestrigen Geraschel.

Akropolis

Den Tod bannen, ihm
einen Ort geben und
einen Namen,
der Hölle einen Hund.

Dem Zerrissenwerden
einen Dämon geben,
den Ängsten Gründe,
Abgründe und einen Sinn.

Dem Mut einen Namen
geben, ein Gesicht,
einen Märtyrer und einen
Tag im Kalender.

Dem Sein
unendlich viele Namen geben,
ihm keine Namen geben,
nein, keinen Namen.

Reisewind

Sonnenbrillen spiegeln
das Unerklärliche: Das
verfallene Amphitheater. Die
Ehrfurcht einflößenden Säulen,
weithin sichtbare Relikte.

Strohhüte rascheln
beifällig – bis der Bus
weiterfährt von Wunder
zu Wunder. Babylonisch
rauschender Reisewind.

Schöner Schein

Licht fällt in geraden Streifen
vom entfernten Himmel
in das weite Flusstal.

Bunte Papierdrachen
künden heiter
von einer strengen Tradition
der Freude.

Im ruhig fließenden Wasser
ziehen Zweige der Trauerweide ihre Spur.
Der Spiegel glättet sich wieder.
Wind bewegt die Oberfläche,
solange er weht.

Wintersonnenwende

Der Strom hat sich breit
in die Arme der Deiche gelegt.
Möwen schwimmen über die Wiese.
Ruhig am Ufer, schnell in der Mitte
fließt das Wasser zum Meer,
froh, keine Lasten zu tragen.
Heute tanzen die Matrosen.

In den Bäumen flöten Stare,
als ob sie nicht sehen,
dass Winter verhängt ist,
auch wenn das Licht jetzt am Mittag
Häuser, Türme und Brücken
mitsamt dem ganzen hellen Himmel
auf dem glitzernden Wasser schaukelt.

Unterwegs

Zeit und Raum
fliegen vorbei.

Und dann: EIN STAU
Der Raum bleibt stehen
Die Zeit läuft
allein davon.

IV
Kranke Sieger

Die Fracking-Methode

Die Erde aufbrechen.
Die Köpfe aufbrechen.
Die Märkte aufmischen.

Und alle zum Shoppen schicken,
während das Gift
seinen Zielort erreicht.

Treibsand

Denn unsere Freiheit
ist die Freiheit des Windes:
Durchs Schlüsselloch hinein
und hinaus
aus dem eingestürzten Glockenturm.

Absolut ist die Freiheit
auf den Treppen des Nichts.

Halme wehen im Wind.
Die Arme des kranken Mannes
und die Röcke der Frauen.

Freundlich surren Windmaschinen,
kreiseln Dachziegel
über der schweigenden Menge.

Eins, zwei, drei, vier Eckstein

Jahrhundertealtes Spiel mit der Angst,
jahrtausendealte Kunst: Sich zu
verbergen. Vor Häschern und Söldnern,
vor Plünderern, Folterern, Vergewaltigern,
vor Schatzsuchern und Goldgräbern.

Leise den Kindheitsplatz an der
Schattenmauer verlassen. Noch einmal
in die vertrauten Verstecke spähen: In die
leeren Ställe, den Kohlenschuppen. Ja dort,
zwischen altem Gerümpel, unterm Heu,
bei den Tannen an den Boden geschmiegt,
hier und dort, dort und hier.

Überall riecht es wie damals nach Harz und
Fahrradöl, nach Hühnern und Moder. Und
im Irgendwo kauert ein sprachloses Nichts,
schwebt ein Hab-ich-dich über dem Hühnerhof,
über den fliehenden Küken, greift
eine Kälte nach der Suchenden, schnürt das
Herz zusammen, ganz so wie damals, ganz so
wie damals und damals und damals.

Kranke Sieger

Immer wieder verschüttet von Kram,
die Krämerseelen.

Immer wieder verloren im Kampf,
die Kämpfer.

Immer wieder verstrickt im Zwang,
die Zwängler.

Immer wieder umgefallen,
die Gefälligen.

Und vom Sturm der Zeit aus sich selbst
vertrieben, die Wetterwendischen,
mitgerissen vom Mahlstrom,
tanzen sie wie Dreck auf dem Wasser.

Lockvogel

Der schöne Mann
auf der Casino-Reklame
lacht Dir zu. Seine Zähne
gebleckt, strahlendweiß,
und die Nase gekraust
vor lauter Einvernehmen
mit einem Gleichgesinnten,
den er hier abholen möchte,
kumpelig einwerben wird:
Steig ein, spiel mit, die Kugel
rollt, nichts geht mehr. Deine
Chancen aber, sind unendlich.

In einen Arm hält er die Blonde,
im anderen die Brünette, tief
dekolletiert alle beide. Die Augen
der Mädels verfolgen die rollende
Kugel. Rot oder schwarz, warten
auf Gewinn, auf Sekt, auf das
Spiel mit dem Feuer. Der schöne
Mann gewinnt immer. Er ist der
Siegertyp, der Playboy, der Du
so gern wärst. Die Tür zum
Casinos steht Dir jederzeit offen.

Balanceakt

Das Seil, längst zu schmal,
um darauf zu tanzen,
um sich glücklich zu fühlen,
anerkannt, geliebt oder
auch nur noch ein bisschen
dazuzugehören.

Fremd sein in der Welt des
Funktionierenmüssens. Mal in
mühsam aufrecht erhaltener
Hoffnung den Drahtseilakt
schaffen. Könnte doch bald schon
wieder besser werden.

Vielleicht sogar wieder gut
sein, friedlicher, freundlicher,
weniger bedrohlich. Ahnend,
dass nichts wieder werden
wird, balancieren wir
vorsichtig aneinander vorbei.

Die Gefahr abzustürzen, immer
gegenwärtig, mühsam unterdrückt
die Angst. Im Gleichgewicht
des Schreckens bleiben, und sich
kurzzeitig trösten mit
einem Gedicht.

Glaube, Liebe, Hoffnung

Für seinen Glauben,
einen Stellvertreter.

Für seine Liebe,
eine Barbiepuppe.

Und für die Hoffnung
den Shareholder-Value.

Er geht über Leichen.
Aber wohin?

Yes, we can

Wir schaffen das?
Sie schaffen das:
Reichtum für die Reichen,
Armut für die Armen,
zerstörte Städte,
Chaos, Not und Elend.

Sie können das,
ihr Heiligenschein
leuchtet uns heim.
Ja, sie schaffen das,
vereint mit Diktatoren
Folterern und Mördern.
Sie schaffen auch die
Flüchtlinge, die
wir versorgen.

The Sound of Silence

Wer weiß denn,
wie viel Zeit bleibt
für mutige Gedanken,
für ängstliche Herzen.

Warm, satt und noch relativ
sicher, horchen wir auf
das Hufedonnern
apokalyptischer Reiter.

Reisende hinterlassen
verräterische Spuren.
Blut an den Händen
von Hoffnungsträgern,
von Friedenspreisträgern.
Wurden sie über Nacht
zu Würgeengeln?

Der Spur des gefräßigsten
aller Raubtiere zu folgen,
zahlt sich nur aus
für Hyänen.

Können-wollen-dürfen

Verstehen wollen das Warum,
erkennen können das Woher
all dieser Kriege.

Brennende Städte, ermordete
Menschen, in die Flucht
Getriebene. Verlorene
Hoffnungen, zerbombte Träume,
ausgelöschtes Leben, zerstörte
Länder und Seelen.

Da helfen in dieser Zeit weder
Fazkes noch Welterklärer, weder
Spiegelfechter, noch Sterndeuter,
kein Focussierer. Nicht die Edelfedern
noch die Tagesschmierer, nicht die ersten
Programme und die anderen auch nicht.

Undurchsichtige Einheitsbrillen will man
auf deine und meine Nase setzen,
Lizenz zum Blindmachen.
Altbekannt die Gleichschaltung.
Warum können all die Stimmen nicht
sagen, was doch so viele längst wissen:

An den Steuerknüppeln der Macht, an den
Abschuss-Monitoren der Drohnen, in den
Kriegsministerien, als Volksvertreter und
Verantwortliche in den Redaktionen –
so viele Unwissende, Fanatiker, Schacherer,
dumm-dreiste Profiteure, Marionetten.

Söldner werden

Er ist Rettungsschwimmer,
freundlich, ehrenamtlich.
Erst einmal Abitur und dann –
Bundeswehr.

Angst hat er nicht,
schon im Klinik-Praktikum
zerfetzte Halbtote gesehen,
Verkehrsunfallopfer.

Mit Waffen umgehen lernen,
Führerschein machen,
den Flugschein vielleicht.
Auslandeinsatz? Nur allzu gern.

Angst hat er nicht, niemals
wird er traumatisiert
heimkommen. Da würde ihm
sein Vater was erzählen.

Verantwortungsvoll beobachtet
er die Badenden, stolz auf seine
Perspektive. Lässt keinen
Einwand gelten, verschließt das
Gesicht mit der Sonnenbrille.

Freiwillig – und gut bezahlt –
wird er schießen, erschießen,
erschossen werden, Bomben
abwerfen, Minen legen,
Täter sein und Opfer.

Mad Men

Den Tod bannen,
die Liebe bannen,
und dennoch vor Angst
die Welt anzünden
an allen Ecken
und jeden Tag,
vor Angst und Gier,
vor Langeweile.
Getrieben vom eigenen
zerstörten Innern, vom
selbstgeschaffenen
Zerrbild der Welt.

»Presente!« – Wir sind da

Savador Allende, Oscar Romero,
Victor Jara, René Schneider,
Politiker, Priester, Sänger,
Gewerkschafter, Nonnen,
Mütter, Kinder, Menschen.
Gefolterte, Erschossene,
Verschwundene sind der Erde
entstiegen und den Ozeanen,
in die man sie warf.

Auferstanden wirken sie weiter,
Seite an Seite mit den Überlebenden,
mit den Freundinnen, den Genossen.
Stehen vor dem Tor der Akademie
für bezahlte Mörder, für Folterer,
für schmutzige Krieger: School
of the Americas, der Schule für
gezielte Grausamkeiten, für
lukrative Menschenverachtung.

Laut werden die Opfer
bei ihren Namen gerufen.
Und deutlich und klar kommt
die Antwort. »Savador Allende?«
»Presente!« »Victor Jara?«
»Presente!« »Oscar Romero?«
»Presente!« René Schneider,
Charles Horman, und alle, alle
stehen auf in den Herzen, sind
auferstanden, sind anwesend in der
Schule der Überlebenden.

So wie damals, als die Frauen am Grab
»Presente!« riefen, in ihren Herzen.
Dem Foltertod nie mehr das letze Wort.

V
Auf der Durchreise

Thymian

Trägt der Wind Wehmut und Gleichmut,
Ehrfurcht vor dem nur noch zu Ahnenden.
Steine, Treppen, Säulen, grasüberwucherter
Rest einer erhabenen Stadt in schützender Bucht.
Auf den Stufen des alten Amphitheaters
klettern Ziegen umher, recken die Hälse,
heller Sonnenschein über glitzerndem Meer.

Wo sind sie geblieben,
die Bewohner der einst so stolzen Metropole?
Männer, Frauen und Kinder, Sklaven und Freie.
Hunderttausend Seelen ausgewandert
in Geschichtsbücher und Reiseführer.
Aphrodite hat sie nicht schützen können
vor der Übermacht der Zerstörer.

Heller Sonnenschein über glitzerndem Meer
und die Frage: Was wird mit uns sein
in tausend Jahren?
Und was übermorgen?

Stunde des Pan

Über das Rund des Amphitheaters
ist Gras gewachsen. Zerstreute Steine,
überwuchert von Dornengestrüpp.
Der ewige Wind weiß es noch,
als sei es gestern gewesen, als sich
die Großen der prächtigen Stadt
zum Bad in der Menge versammelten.
Zehntausend Menschen fanden dort Platz.

Einsam ist es hier oben am Berg
und auf dem weiten Meer ringsum. Kein
Schiff kehrt heim, keines fährt hinaus,
den Horizont zu durchbrechen. Nicht
mehr zu ahnen der alte Felsenhafen in
geschützter Bucht. Keine Ölmühle
dreht sich, keine Weinpresse, kein Esel,
kein Brunnen, nicht einmal mehr Bäume,
selbst die Zikaden schweigen.

Nur Almatheia, die weiße Ziege,
reckt den Hals nach ihrem Böckchen.
Karges Grün an Mauerresten
locken ihn hoch hinauf,
den kleinen Zeus. Im heißen Wind
knistern trockene Halme.
Alles ruht in der Stunde des Pan.
Land und Meer schlafen umarmt
in Sonne und Hitze.

Rätsel

So ein schlanker, langer Kerl
mit einem runden, roten Kopf
zuckt und schlupft Strich für Strich,
dreht sich im Rund, schluckt Zeit in
Miniportiönchen; ruck-zuck, ruck-
zuck zerrupft er Minuten, Stunde
um Stunde. Treibt Züge und
Menschen, rasch-rasch vor sich her.
Zeigt kurz auf die 12, als sei es high noon
oder Mitternacht. Und eins, zwei, drei
verschlingt er die Tage, die Nächte,
die Eile, die Weile, die Ungeduld,
Sonnenstrahl um Sonnenstrahl,
sechzigmal, sechzigmal vertickt er
Zeit, unsere Zeit, alle Zeit in den weit
offenen Schlund ewiger Ewigkeit.

Warten

Der rote Zeiger der Bahnhofsuhr
streicht übers eintönige
Schilpen der Spatzen, pulsiert als
unermüdlicher Herzschlag über
schwarzen Sekundenstrichen.

Das steinerne Horn des fernen
Berges reckt sich zum blassblauen
Himmel. Verspielte Windwölkchen
ziehen dahin – und mich lähmt
eine grenzenlose Sommermüdigkeit.

Badefreuden

»Du musst schreien!«
ruft das Kind.
Saust jubelnd voran.
Saust und saust,
als flöge es
vom Himmel
ins Meer.
Immer wieder,
immer wieder,
schreiend und
prustend
vor Glück.
Getragen
vom Wasserfall
der Freude.

Und ich?
Sause
und sause
juchzend
und prustend
hinter ihm her.

Auf der Durchreise

Vor dem Zugfenster
entgleitet die nachmittagsmilde
freundlich helle Welt.
Buntes Laub, zaghaft noch,
und ein Fluss, dessen Wasser
wie weiches sich wellendes Haar
sanft bergab fließt.

Säße ich dort am flachen Ufer,
das Rauschen und Glitzern
so nah, barfuß zwischen Wiesen
und bewaldeten Hängen,
sehnte ich mich fort – vielleicht,
säße gern in dem Zug
der unaufhaltsam vorübergleitet.

Aus meinem Zugfenster
träume ich mich hinaus
an den stillstehenden Ort,
an den steinigen Strand,
neben das barfüßige Kind,
werde eins mit dem
Fließen und Rauschen.

Herbstlied

Die See liegt gefroren am Strand.
Auf den erstarrten Wellen
spiegelt sich Mondlicht,
bläulich und kalt.

Noch lasten die Blätter
an ihren Bäumen. Schwer
geworden vor Dunkelheit.
Fallen wollen sie, fallen und sterben.

Auch das Leben wird wieder schwer,
es lastet, fällt nieder vor Herbst,
vor Kälte und Einsamkeit.
Nun muss es wieder nach Wärme
suchen. Nach Wärme und Zärtlichkeit.
Nichts mehr ist freundlich aus sich,
so wie ein Frühlingsmorgen oder
der unendliche Sommernachmittag.

Herbst

Herbst
kommt wie Dunkelheit.
Ernst und unerbittlich
beendet er sorglose
Sommerfreuden.

Die kleine Allee
hat er schon erreicht.
Schaukeln im Park
stehen verlassen,
gelb, rot und still.

Bunt geschminkt
taumelt das Laub
in seinen letzten Tanz.
Noch meint es, den Himmel
erreichen zu können.

Doch morgen schon
wird es Schlamm sein,
Humus für Frühling und
Sommer, in dem sich stetig
drehenden Karussell.

Wo wir zu Hause sind

Vielleicht ist die Heimat des Kranichs
der weite Luftraum,
geborgen im tönenden Keil
nahe den Wolken.

Könnte er den Norden Heimat nennen
oder den Süden?

Das Dazwischen im weiten Luftraum –
ein verlockender Ort.

Novembermorgen

Aus kahlem Gebüsch tönt Amselgesang,
schrickt Frühlingssehnsucht aus
frierender Tiefe in diese Stadt, die
als Tretboot aus Licht mit dem
blauschwarzen Himmel verschwimmt.

Lange – sehr lange – spreizt der Schwan
seine Flügel – rüttelt und schüttelt.
Droht er dem lichterspiegelnden Wasser?
Trocknet er seine Federn? Oder öffnet er sein
Herz den unentwegt rufenden Blesshühnern?
Den Kormoranen, den würdig rudernden Erpeln?

Über dem Wasser treten geschäftige Wesen
mit harten und weichen Sohlen den Asphalt der
Brücke. Voran, voran. Sie treten die Pedalen
ihrer Fahrzeuge, ihrer kleinen und großen
Gewerke. Voran, voran, unter diesem
morgenfrühdunklen Himmel.

Stadt des Lichts

Mit strahlenden Weihnachtsbäumen
– silbrigweißhell – begrüßen Hotels den
Tag. Prächtig goldlichterne Tannen
feiern alltäglich Advent: Waldgrün,
kugelrot, kerzengelb. Diamantene
Kronleuchter glitzern vor Hochmut,
laden zum Tanz ums goldbraune
Kalb, geschnetzelt mit heißen Maroni.

Grau verfroren die Flügel der Möwen
über morgendlich dunklem Gewässer.
Nur zu ahnen: Berge rund um die Lichterstadt,
ihren im Nirgendwo endenden See.
Breitschultrige Riesen mit schaurig erhabenen
Häuptern, Ehrfurcht gebietend, schicken
mahnende Blicke herüber, wenn ein Fön
die Himmel durchsichtig macht.

Nicht prächtig, nicht erhaben, nein still,
fast unsichtbar: Der Angler.
Gibt er Zeugnis vom Reichtum
in dunkler Tiefe? Von ungehobenen,
stummen Schätzen? Oder ist er
ein Zeuge von Hunger und Armut
in der goldrot wartenden
Stadt des Lichts?

Auf der Brücke, morgens vor Sieben

Unter den Rufen des Blesshuhns
ruht der See; ruht unter klagendem
Möwengeschrei. Ruht unter der flachen Brücke,
unter all den Schritten und Tritten,
dem Tack-tack-tack, dem Klack-klack-klack,
dem hastigen Füßegetrappel.

Von Ufer zu Ufer rollen die Busse, die
Lastkraftwagen, Limousinen, Motorroller,
erkämpfen sich Wege, wollen weiter,
wollen weiter, werweißwohin,
seltsam verunmenscht, so als seien
vier Räder ein Rückfall.

VI
Kostbar

Für einen Freund

Manchmal bläst er
dunkle Wolken auseinander,
mir die Sonne zu zeigen.
Dann schiebt er sie einfach
wieder zusammen
für Schattenmomente
zum Ruhen und Denken.

Manchmal lädt er
Wörter ein, um den Tag
zu heilen, die unruhige Nacht.
Um uns verstehen zu helfen
die Zerstörungen der Welt,
das Leben, das weitergeht,
das Lieben, Lachen und Weinen.

Traumgesicht

Für ein Gedicht würde ich
dich aus dem Graben ziehen,
von dem du in der
Nacht geträumt hast,
aus jedem Graben ziehen
mit all meiner Kraft.

Furchtlos würde ich
dir Traumblumen pflücken,
jenseits aller Hindernisse;
würde dich sogar die
schönen Frauen jener Nacht
umarmen lassen.

Und für ein Lied, das du
um die Mittagsstunde pfeifst,
könnte ich auch die Fahrräder
retten, unsere beiden,
aus dem nächtlichen Graben.

Kostbar

Die leisen Atemzüge
mitatmen. Wachliegen
und Nähe spüren.

Kostbare Berührungspunkte
auskosten. Ein Teekesselchen
wird zum Samowar.

Doch durch das bisschen
verbindende Wärme hallt
traurig Gorkis: »Ach Ihr!«

So nah, so fern der andere
mit seinem ganz
eigenen Leben.

Mit dir

Du entdeckst den Mond
am hellen Mittagshimmel,
kleiner Strich zwischen Wolken.

Im fernen Dunst verborgen
siehst du den Berg Athos,
zeigst ihn mir heimlich.

Gehst vor mir den steilen Abhang,
damit ich auf deine Füße schaue
und nicht in die Tiefe.

Langsam und sicher setzt du
die Schritte wie ein Pilger.
Und ich tanze hinter dir her.

Fischschwärme warten
auf dich
im glasgrünen Meer.

Unser Sommer

Haus mit dem Sternendach
in einem Winkel aus Ufersand,
bei der langen Brücke über den Fluss
– nachts – wenn der Mond
Fräulein Yin heißt.

Unsere uralte Zärtlichkeit
füreinander, so zart und unschuldig,
als müssten wir sie beschützen,
doch sie beschützt uns.

Liebe Grüße

geschrieben
mit Licht und Sehnsucht,
leicht wie Wölkchen
im fernen Blau,
fliegen himmelwärts
mit rotgelben Blättern
rascheln und rauschen.

Sanft bläst der Wind
übers Papier gestreute
Schriftzeichen geradewegs
ins richtige Fenster.

Heimweg

Amseln feiern den Sommer
unter grau leuchtendem Himmel.
Von Giebeln und Bäumen herab
geleitet ihr Gesang
schwächer werdendes Licht
durch den Vorstadtabend.

Lindenbäume, Ligusterhecken
und Rosenbüsche, selbst
schlafende Autos
glänzen noch regennass,
während der Tag
noch einmal stehen bleibt,
bevor er es Nacht werden lässt.

August

Einer dieser Tage, an dem
die Wolken ganz langsam
ziehen, ganz ruhig und ganz
hoch, einige weiß, einige
durchsichtig.

Einer dieser Tage, mit
blühenden Rosen und
guten Gedanken, mit
Zwetschenkuchen und
lieben Freunden.

Einer dieser Tage, an dem
es leicht fällt, nicht an den
Tod zu denken, nicht an
den eigenen und nicht an
deinen.

Und dann doch wieder
diese Ohnmacht spüren,
wenn die Nachrichten Lügen
verbreiten über die Gründe
all der tödlichen Kriege.

Leises Rauschen

Unbekümmert
stehen sie da.
Schöne Riesinnen.
Tragen Äpfel und Pflaumen,
Nüsse, rotes Vogelbeerglück.

Atmen unhörbar,
verwandeln unsichtbar
und schenken dem Wind
ihre Kleider,
überschütten die Erde,
schenken und schenken –
wenn man sie lässt.

Schläfriger Nachmittag

Eine Melodie durchweht den
Kaffeehausgarten, zärtliche Finger
tanzen dazu Syrtos auf dem Arm
der anmutigen Circe.

Insekten umschwirren Blüten am
exotischen Baum. Ein Spatz hüpft
um die Tische. Und die halbnackte
Nausikaa schläft in Odysseus' Arm.

In schattiger Nische tauschen Liebende
leise Worte, verstohlen machen sie Fotos
voneinander. Dies eine Lächeln festzuhalten
über die Jahre und Jahre und Jahre.

Ikarus' Schwester

Über den Wolken dahingleiten,
hinaufgetragen von ein paar
Worten, von einem Ruf in den
endlosen Raum. Als müssten
wir nie wieder fliehen,
als gäbe es nie wieder ein
Missverständnis, nie wieder
Feindschaft, Eifersucht, Dummheit
und die Arroganz der Macht.

Gedankenflug, Seelenflug
hoch über den Wolken,
getrennt von der Erde
durch Glück.

Ein März vor so langer Zeit

Warum machen alte Fotos
so traurig? Ein geliebter Mensch.
Damals. Ein vertrauter Ort,
vor so langer Zeit. Häuser,
Straßen, Gärten, Parks und
ein Wald, durch den noch
ein Vorgestern geistert.

Gesichter, in denen gestriges
Leben wohnt, archiviert für
ein Morgen. Unvergessen
das Lachen, die Situation,
der Tag, die Nacht, der Urlaub,
der Anlass, das kurze Glück –
zweidimensionale Erinnerung.

Der Freund als Kind, der Vater
als Soldat. Der Großvater
als Student. Und auch die
90-jährige Urgroßmutter
wurde einst konfirmiert.
Sie friert auf dem Bild, der
März war recht kalt, der
März vor so langer Zeit.

Himmelsmacht

Manchmal grüßt uns
der Wind. Mit Blätterhänden
winkt er, singt sein Lied
in den Kiefernnadeln.

Er streichelt Wangen,
zerzaust Haare,
kommt uns entgegen,
uns zu umarmen,
er schiebt und bremst und
wirft nach uns mit Äpfeln
und Nüssen.

Vorm Fenster lässt er Büsche
und Bäume tanzen, trägt heran
und trägt fort, hebt die Milane
sanft höher und höher; er, der
Vermittler von warm und kalt,
von oben und unten,
der verträgliche kleine Bruder
des Sturms.

Oktobermond

Es war so hell die ganze Nacht.
Nun schaue ich dem Mond
beim Untergehen zu.
Freundschaftlich macht er
Faxen für mich, schaut
durch die Wolken, wie
ein Kind durch die Finger.

Wohin gehst du da hinten, da unten,
mit deinem rotgoldenen Gesicht?
Sinkst schon in den Baum, wirst halb
hinterm Dach, und hast mich gegrüßt
– wie so oft – von der, die mir
keine Briefe mehr schreibt, aber
immer noch Mondgrüße sendet.

Dezembermond

Heut hängt eine blanke Sichel
im Scherenschnittgeäst der Platane,
adventskalenderschön vor dem
Morgenhimmel-Gelb-Rot.

Lampenschein in den Fenstern der
Frühaufsteher in träumenden Häusern.
Sterne gehen langsam zurück ins Licht und
eine Amsel sucht schimpfend das Weite.

Rauch von den Schornsteinen, und fern der
Horizont mit dem zu ahnenden Wald,
frostblaue Kulisse für aufsteigendes Rot,
durchsichtiges Gelb, bläulich klare
Unendlichkeit. Und eine fast schmerzliche
Liebe macht mein Herz himmelweit –

dann werfe ich Kastanien nach den Elstern,
die mit ihrem Krakeel den Schlaf des
Liebsten bedrohen, schalte das Licht an.
Zum Schreiben ist es zu dunkel, um
Viertel vor acht am 9. Dezember.

Der Weihnachtsmond

weckt mich ins Jetzt
aus meinem Elfenbeinturm.
Morgens früh scheint er hell.
Tritt vor die umhüllenden Wolken,
um mit mir zu sein.

So klar und schön spielt er Vollmond
da oben. Aber ihm fehlt noch ein
Achtundzwanzigstel, wie uns so oft
auch, das entscheidende Bisschen
an der Vollendung.

Und dann? Dann verhüllt er sich wieder
mit Schatten, tritt zurück, verwandt
dem launischen Herzen. Kinder
sind wir – zum Erbarmen. Götter sind
wir, auch wenn es keiner merkt.

Nun ist er verschwunden, hinter dem
Dach gegenüber. Ein Auto pflügt durch die
Pfützen da unten – rot-grün weihnachtlich
spiegelt der Asphalt die Ampeln. In der
Schlucht zwischen den Häusern.

Bald wird eine Straßenbahn mit
hellerleuchteten Fenstern das Ende
der Einsamkeit einläuten.

VII
Innehalten

Blow up

Ohnmacht und Einsamkeit
eingeschlossen in Erinnerung:
Blow up. Unter dem Nerv,
den der Filmtitel berührt:
Meine Hilflosigkeit
damals, und ein Du,
das – mich ausschließend –
all das verstand.

Ins Kino!
Lass uns doch mal
ins Kino gehen.
Verliebtheit,
schmale Brücke
zwischen einem, der so viel wusste,
und einer, einfach nur neugierig, jung
und so fremd in seiner Welt.

Zabriski Point,
ein paar Jahre später.
Da wusste ich schon
so viel mehr. Und doch:
Ohnmacht und Einsamkeit
unter dem Erinnerungsnerv.
Und wieder ein kluger
Filmkenner an meiner Seite.

Innehalten

Der Wecker ist
unter das Bett gefallen.
Und wie gern bin ich
mit ihm aus der Zeit
gefallen, aus dieser
Zeit – aus jeder Zeit.

Der Sonnenlauf zeigt
mir, wann Abend
ist und wann Morgen.

Unermüdlich rauschen
das Meer und der Wind
im hellen Licht des Tages.

Sie rauschen in unsere
Träume bei Nacht, seit
Hundertmillionen Jahren.

Richtungswechsel

Um Mittag verlor der Tag seine Kraft,
rollte erst langsam, dann schneller
zurück in den Morgen,
kullerte ungebremst
in die sanfte Mulde Mitternacht.
Als ein Abend dämmerte
anstelle des Morgenrots,
verstummten die letzten Bürogesichter.

Doch erst als der Feierabendverkehr
vom Vortag einsetzte, Autos
rückwärts ins Gestern fuhren,
da endlich
sahen es die Verantwortlichen ein:
Es kann nicht darum gehen,
das Entsetzen zu steigern.

Depression

Das kleine Boot
immer davor bewahren,
auf das offene Meer
der Sinnlosigkeit
hinauszufahren.

Patientin

Heut sind die Wolken
verwundet. Durch
Himmelsschnitte fließt
blutiges Blau in ihr
endloses Warten. Wann
wird die Tür sich öffnen,
wann wird sie
zurückgerufen
ins Leben.

Vorsichtig lässt sie das Tor
des Schmerzes geschlossen,
wartet
zwischen zwei Engel geduckt
auf das Urteil.

Gethsemane

In der Nacht unserer Seele
gibt es diesen Garten – und
unsere Angst vor dem Morgen.

Allein gelassen,
bitten wir den Himmel
um Schonung, flehen wir,
rufen wir in Todesangst
nach Mutter und Vater.
Wir möchten nicht sterben,
nicht jetzt und nicht so.

Gethsemane heißt der Ort,
an dem wir loslassen können,
uns anvertrauen können
dem rettenden Du in uns:
Dein Wille geschehe.

Altes Wort

In den Netzen des Vormittags
blieb ein stumpfer Bleistift hängen –
und ein altes Wort.
Nicht gewandt genug,
seine Blöße mit Witz zu verdecken
oder auch nur mit einem Adjektiv.

Obgleich, schon und weil
wollen zu Hilfe eilen.
Da setzt sich das Wort
auf all seine Buchstaben
und beginnt
leise zu singen.

Klangfarben

Gedichte sind
wie Musikinstrumente.
Jemand muss sie
aus ihrer Stummheit erlösen,
sie mit seinem Atem wärmen,
damit sie klingen können.

Inhalt

III
ZEITLOS

IV
KRANKE SIEGER

V
Auf der Durchreise

VI
Kostbar

VII
Innehalten